中华爱国人物故事

人物故事

ZHONGHUA AIGUO RENWU GUSHI

人民教育家陶行知

杨 园 刘 畅 编著

吉林人民出版社

图书在版编目(CIP)数据

人民教育家陶行知 / 杨园,刘畅编著. -- 长春:
吉林人民出版社,2011.5
 (中华爱国人物故事)
 ISBN 978-7-206-07833-0

Ⅰ.①人… Ⅱ.①杨… ②刘… Ⅲ.①陶行知(
1891~1946)–生平事迹 Ⅳ.①K825.46

中国版本图书馆CIP数据核字(2011)第075700号

人民教育家陶行知

RENMIN JIAOYUJIA TAO XINGZHI

编　　著:杨　园　刘　畅
责任编辑:葛　琳　　　　　　封面设计:七　洱
吉林人民出版社出版 发行(长春市人民大街7548号　邮政编码:130022)
印　　刷:鸿鹄(唐山)印务有限公司
开　　本:670mm×950mm　　　1/16
印　　张:8　　　　　　　字　　数:70千字
标准书号:ISBN 978-7-206-07833-0
版　　次:2011年5月第1版　　印　　次:2023年6月第4次印刷
定　　价:35.00元

总　序

胡维革

　　《中华爱国人物故事》是一套故事丛书。它汇集了我国历史上80位古圣先贤、民族英雄、志士仁人、革命领袖、先进模范人物的生动感人史迹，表现了作为中华民族优秀传统的伟大的爱国主义精神。

　　爱国主义是人们对于"生于斯、长于斯、衣食于斯"的祖国的一种神圣感情，是人们对于自己民族的一种强烈的责任感和使命感，是感召和激励整个中华民族的一面永不褪色的旗帜。在漫长的历史上，爱国主义一直激励着中华儿女为祖国的独立、统一、进步和繁荣而英勇奋斗。从伟大的思想家教育家孔子到统一全国的千古一帝秦始皇，从秉笔直书著《史记》的司马

迁到鞠躬尽瘁死而后已的诸葛亮，从伟大的浪漫主义诗人李白到精忠报国的民族英雄岳飞，从七下西洋传播友谊的郑和到抗击倭寇的民族英雄戚继光，从苟利国家生死以的林则徐到为变法流血的第一人谭嗣同，从威震敌胆的抗联将军杨靖宇到人民音乐家聂耳与冼星海，从踏遍青山人未老的李四光到万婴之母林巧稚，从县委书记的好榜样焦裕禄到情系雪域献身高原的孔繁森……都表现出了强烈的爱国主义精神。正是由于热爱祖国的人们前仆后继地奋斗，国家和民族才得以生存，历经一次次历史危急关头而能转危为安，走向兴盛和富强，从而屹立于世界民族之林。爱国主义是鼓舞中华儿女历经忧患、跨越沧桑、百折不挠、自强不息的伟大力量，它贯穿于中华民族的整个历史，并有力地凝聚着五洲四海的中国人。

爱国主义是一个历史的范畴,在社会发展的不同阶段、不同时期有着不同的具体内容。革命时期,需要我们为祖国的独立自主出生入死;建设时期,需要我们为祖国的繁荣富强增砖添瓦;在全国各族人民团结一心建设富强、民主、文明、和谐的社会主义现代化国家的今天,我们要争做一名新时期的爱国者。新时期的爱国者要有强烈的民族自尊心和自豪感。民族自尊心和自豪感是任何时期任何爱国者都必须具备的情感。民族自尊心能增强我们自立向上的恒心,民族自豪感能树立我们建设祖国的信心。要树立"祖国高于一切"的崇高信念,为了祖国和人民的利益不惜抛却个人的利益,甚至不惜牺牲个人的生命。要树立终身学习的理念,拓

宽自己的知识面,广泛吸收新知识新技术,完善自身的知识结构,更新学习知识的方法与理念,从思想上、知识上充分武装自己,为祖国的繁荣昌盛贡献力量。

爱国主义思想的继承和发扬,是关系到民族盛衰、国家兴亡的根本问题。一代代人爱国主义思想情操的形成,需要不断地培养。培养爱国主义的一个重要途径是向爱国主义的英雄人物和典范事迹学习。这套丛书的出版,对于人们向英雄和先进人物学习,特别是对于在中小学生中进行爱国主义教育,将可提供一些生动的教材。祝愿此书出版发行成功,为培养"四有"新人做出贡献。

于 2011 年 4 月 23 日

世界读书日

中华爱国人物故事

目 录
CONTENTS

目 录。
CONTENTS

生平与教育活动

　　陶行知（1891—1946）是我国现代教育史上"伟大的人民教育家，教育思想家；伟大的民主主义战士，共产主义战士；伟大的爱国者"（胡乔木同志在1985年中国陶行知研究会成立大会上的讲话）。陶行知从青年起就立志献身教育事业，他为了祖国和人民的解放事业，鞠躬尽瘁，呕心沥血。在他可歌可泣的一生中，以"捧着一颗心来，不带半跟草去"的赤子之忱，探索并实践者。在半殖民地半封建的旧中国，他秉持教育救国的思想，坚持教育实验，改革旧教育，探索新教育创立了生活教育理论，提出一系列主张，为人民教育事业的发展指明了方向。陶行知一生紧跟时代步伐，不断进步，由激进的民主主义者转变为党外布尔什维克，为追求光明的新中国，为发展进步教育事业，百折不挠，英勇奋斗，贡献了自己的一切。

他追求进步的一生光照后人，他的教育思想是一份珍贵的遗产，他的革命开拓精神和极具创造性的教育实践，他的复兴中华的强烈意志，永远散发出爱国主义的光辉！

"他一生光明磊落，是中国共产党的亲密战友，他后十年，坚定不移地跟着中国共产党到死。"（邓颖超同志在1981年北京纪念陶行知90周年诞辰大会上的讲话）

陶行知的生活教育思想和革命精神，是中国人民宝贵的精神财富。他是中国进步知识分子的代表，他的崇高师德和无私奉献精神，堪称"万世师表"。

陶行知

求知与探索

　　陶行知原名文浚，后改名知行，再改名行知。1891年10月18日诞生于安徽省歙县西乡黄潭源村。陶行知的父亲，名位朝，字筱山，靠教书为生，后回家务农。母亲曹翠仂接管了祖上的一爿酱园，后因社会经济萧条而破产倒闭。陶行知出生的年代，正当清王朝腐败无能，帝国主义用鸦片加坚船利炮冲开封建主义旧中国的大门，封建统治者丧权辱国，人民处于水深火热之中。陶行知幼年时家境虽贫寒，他却聪明好学。6岁由方庶成秀才开蒙，8岁入吴尔宽塾师处伴读，曾在三刻钟内背诵《左传》43行，显露出惊人的记忆力。

　　1906年，崇一学堂英籍校长唐俊贤因喜欢陶行知的聪明勤劳，免费吸收他为崇一学堂第17个学生。陶行知在15岁那年得以跨进崇一学堂——家乡歙县城关的一所教会学校，开始接受西方新式教育，学习英文、国文、数学、理化、医药常识等课程。由于基础扎实，入学直接编入二年级，各科成绩很快赶上并超过一般同学，两年毕业时已名列第一。在崇一读书期间，陶行知既学现

安徽歙县，陶行知的故乡

代科学知识，又不放弃古典文学。他当时最推崇唐朝诗人杜甫、白居易，说："杜诗沉郁有力，多伤时忧国之作；白诗通俗流畅，道了民生疾苦。"后来，陶行知成了著名诗人，其风格显然是师承杜、白的。年轻的陶行知从小热爱祖国，座位及寝室墙壁上均写上了"我是中国人，我要为中国出力"等字条。

陶行知纪念像

　　1908年春，17岁的陶行知乘船赴杭州报考广济医学堂，青年时期的求学经历影响了他一生的事业和生活。他始终在实践着崇一学堂读书时立下的誓言："我是一个中国人，要为中国做出一些贡献来"；他时刻提醒自己只做"人中人"，不做"人上人"。他说："我本来是一个中国的平民。无奈十几年的学校生活，渐渐地把我向外国的贵族方向转移，……好在我的中国性、平民性是很丰富的，我的同事都说我是一个'最中国的'留学生。经过一番觉悟，我就像黄河决了堤，向那中国的平民的路上奔流回来了。"从自己的体验中，陶行知得出结论："幼年的生活是最重要的生活，幼年的教育是最重要的教育。"在杭州广济医学堂，由于歧视非教徒学生的校规，他入学"三天之后"，愤而退学，回到徽州，并在崇一学堂校长唐进贤的帮助下，于1909年考入南京汇文书院预科。当年秋，汇文书院与宏育书院合并，成立著名的教会大学——金陵大学。陶行知即从汇文书院升入金大文科，开始大学学习生活。在读期间，他极力赞同明代哲学家王阳明的"知行合一"论，于1910年改名知行。

　　辛亥革命以后，陶行知热心参与学校和社会的各项活动，经常组织大学生进行爱国演讲，举办爱国支援革命政府的活动，并热心宣传民族、民主革命思想。1914年6月，陶行知以第一名的优异成绩毕业于金陵大学文

科。同年，考上了美国伊利诺伊大学，攻读市政。1915年获该校政治学硕士学位。

1915年秋，陶行知认识到在中国要实现真正的共和政治及民主主义，除向民众实行教育普及外，没有别的办法。因此，他离开伊利诺伊大学转到哥伦比亚大学师范学院教育系学习，并依靠义和团赔偿金成为该校"半费生"。1917年夏，陶行知在哥伦比亚大学获该校都市学务总监资格文凭。然而，他谢绝了美国孟禄教授让他申报博士学位的好意，怀着"要使全国人民接受教育"的宏愿和振兴中华的伟大志向，回到了苦难的祖国，踏上了献身人民教育事业的征途。

哥伦比亚大学

浮博士

1917年冬天，特别寒冷。

这天早晨，古城南京，飘了一夜的雪花，大地、房屋建筑披上了一层银白，在微风吹拂下，瑟瑟抖动。

三三两两的人出来了，踏着地上洁白的冰晶和雪花，兴致勃勃地向火车站走去，脚下嘎吱嘎吱作响，像是一曲优美动听的音乐。

火车站已经挤满了人，他们互相议论着，跷首以待。一列客车喷着白汽，巨龙般从远方疾驰而来，人们把目光投到列车车厢上，一节节地寻找，"哪一个会是陶行知先生呢"？

认识陶行知的人，心中暗暗猜想着陶行知会发生怎样的变化。不认识陶行知的人，在想象中构思即将下车的陶行知的形象。

昨天，中国各家报纸以醒目标题报道了这样一个消

息："南京汇文书院高才生陶行知先生，赴美留学，成绩优异，获得美国哥伦比亚大学博士学位，明日将启程回国！"

这个消息震动了人们，当时，中国国力贫弱，受列强欺辱，许多人都找机会出国，用尽心机和手段，希望能离开这个贫穷落后的国家。陶行知在南京汇文书院以优秀成绩毕业，考入美国伊利诺伊大学，不久又转入哥伦比亚大学，在那里，他刻苦钻研，以知识渊博和目光敏锐著称，受到美国著名学者杜威的赏识和青睐。他有条件留在美国过优裕的生活。谁也没有想到，陶行知放弃了这样好的机会，启程回国了。因此，人们都想目睹一下"洋博士"的翩翩风采。

列车徐徐停下，车门打开，一个身穿黑色西服，内衬高领毛衣，头戴黑呢帽的青年人，手中拎着个暗黄色皮箱，从车上缓步走下。他抬头四顾，见不远处人群中立着块高高的标语牌，上面写着："热烈欢迎陶行知博士学成归国！"

这个青年人嘴角动了动，脸上露出笑容，便向人群走去。

"陶行知在那！陶行知！陶行知！"

人群中有人认出他了，便一齐围上来。几个记者脚步很快，一下子挤过人群，冲到陶行知面前。

南京和平门

"陶博士，能否谈一下您回国的感想和原因？"人群中立即静了下来。

"我是个中国人，怎能贪图荣华富贵，忘记自己的祖国呢。"陶行知答道。

"陶博士，凭您的才华、能力，回国后能胜任许多工作，但您有什么打算呢？"记者又问。

陶行知沉吟了一下："我认为，中国国弱民贫，主要原因在于科学教育不发达，广大乡村学校少，教育落后，不改变这种情况，国家兴旺发达是不可能的。因此，我这次回国，就是要致力于教育事业，要团结争取有识之士，在乡村创办100万所学校，使人人读书，提高国民的素质！"

陶行知话音刚落，人群中立即爆发出雷鸣般的掌声。

第二天早晨，陶行知刚刚起床，就有几个人来找他，原来，是南京大学聘请陶行知去南京大学任教的。陶行知想了想，他刚刚回国，对各方面情况还不熟悉，先在南京大学任教也好，可以联络有识之士，为以后发展乡村教育打下良好基础，再说，在南京大学任教，可以把自己在美国学到的知识，传授给学生，这也是在为发展国家的教育事业出力嘛！于是，陶行知点头答应，他成为南京大学的一位知名教授。

陶行知利用上课间隙和节假日时间，到南京郊外的

陶行知教育文集

陶行知教育文集书影

农村进行考察。不久，他在南京和平门外近旁桥畔看见了一个小村庄，四周上是一片荒山，这里散散落落地住着三十几户农民，他们都住在低矮破旧的茅草房里。这儿的小孩子很多，他们衣衫褴褛，整日在山上放牛，地里锄草，帮助大人干农活和家务。

小庄的农民见一个穿着整洁、文质彬彬的年轻人来到他们村里，感到非常奇怪，因为在这穷山沟里，是很

陶行知塑像

少有"贵客"来临啊，每年政府派人下来，都是催租收税，哪个有钱的人会到这里来呢。

朴实好客的农民把陶行知让到屋里，交谈中知道了陶行知是留学美国的洋博士，现正在南京大学任教，还担任其他几所大学的名誉校长，对陶行知很是敬重，忽然，一个农民叹了口气，说：

"陶先生啊，我们山沟里的人斗大字不识一个，想花钱请先生教娃娃读书，花不起钱，也没人愿来，只好在泥沟里混了。"

陶行知听了，笑着问："孩子们都愿意读书吗？"

"当然了，可没有学校，没有先生，想读书也读不起哟！"其他农民也都跟着叹气。一个七八岁的小男孩走到陶行知面前，仰起脸：

"陶先生，你来教我们读书好吗？"

一个农民把孩子拽到边上去，训斥着："小孩子净胡说八道，陶先生是洋博士，在大学教书，前途无量，咋能来咱这穷山沟里教你们读书？别白日做梦了。"

陶行知听见，立即笑了，用手抚摩着小男孩的光脊背，疼爱慈祥地说："我最喜欢和小朋友在一起了，好，明天我就来这里办一所学校，让你们都读书。"

小男孩高兴得跳起来，一下搂住了陶行知的脖子，连连说："陶先生真好！陶先生真好！"农民们在旁边笑，但他们只是认为陶行知是在开玩笑的，谁能相信，一个大名鼎鼎的洋博士，会来穷山沟里给穷孩子上课呢？但看到小孩子天真可爱的样子，他们也打心眼里高兴。

第二天，小庄的农民依然去地里锄草。时近中午，太阳渐渐爬到了天顶上，没有一丝风，异常的热。汗珠顺着脸颊淌下来，农民们便聚集到村荫下乘凉聊天。

忽然，一个头戴大草帽的人从远方走来了，到达农民跟前时，他热情地问候了一声"乡亲们好！"便把草帽抬了起来。

"咦！这不是昨天来村里的陶先生吗？"众人惊喜地围上来，只见陶行知打扮全变了，身穿布衣，脚上踏着草鞋，一副风尘仆仆的样子，还不时地用手绢擦汗。

"我今天上午，把南京大学的教授职位辞掉了，其他学校兼任的校长也不干了。从现在开始，我就在这里办个学校，专门教孩子们读书写字，和乡亲在一起，欢迎不欢迎啊？"陶行知笑着说。

"欢迎欢迎！这敢情太好了，像先生这样的人才，我们请也请不到，怕就怕这里太脏太累，先生待不了几天就要走呢。"农民们非常高兴，一时又不知说什么才好。

不大工夫，村里人都知道，留学美国的洋博士来给他们办学校来了。这可是件新鲜事。大家聚拢到一起，

陶行知教育名篇书影

兴致勃勃地商量起办学的具体事务，孩子们更是高兴，他们睁大眼睛，友好地望着陶行知，他面目慈祥、善良，孩子们一点也不感到害怕。

当天下午，年轻力壮的小伙子们全出动了，掘土和泥，做成坯块。又打扫出一块空地，准备在这里盖房屋，家家户户凡是盖房子能用上的东西全拿来了，人人脸上露出笑容。他们知道，当时中国的农村都很落后，孩子

们哪里有条件读书呢，洋博士肯放弃优厚的待遇和地位，把学校建到村庄里，免费为孩子们办学，这在中国历史上也是破天荒的一次。他们一定要多出点力气，盖个大房屋，让孩子们都来上学，这才能不辜负陶先生的一片心意。

夜晚，农民们为一件事着急了：学校没有盖好，他们的房屋又小又拥挤，让陶行知住到哪呢？一个农民准备把自己的家腾出来，让陶行知住进去，自己准备去住牛棚。

陶行知见了，立即摆手制止，"我一个人好说，住在牛棚里就行，和'牛大哥'做伴过夜，也蛮不错嘛"。说着，陶行知就在牛棚空地上铺了稻草，把行李搬进去。农民们怎样劝他，他都不听。陶行知知道，农民们生活都很苦，住宅小，人口多，自己如果再挤进去，一定会给别人带来很多不便和麻烦。

陶行知躺在"床"上，辗转难眠，"牛大哥"咯吱吱地咀嚼食物，不时地还"哞，哞"叫上几声。陶行知索性坐起身，瞪眼望着夜空，心中设计着办学蓝图，从学校的建筑样式、办学方针、招生考试办法，直到采取何种方式教学，他都一一考虑了。他认为，在农村办学，应该讲求实际，既让孩子学到知识，又不能耽误农活，应该把学习与劳动结合起来，多注意解决实际问题，才能受到农民的欢迎。一切考虑成熟，天已蒙蒙放亮，困意袭来，陶行知倒在"床"上，呼呼睡着了。

人们笑着问他，昨夜睡得怎样啊？牛粪味够受吧？

陶行知笑了笑，"'牛大哥'很乖觉"。接着说，"一

陶行知纪念像

闻牛粪诗百篇呀"。众人都开心地大笑。

人多力量大，学校很快建立起来了。一共有十几间大屋子，用泥坯垒成墙，顶棚横上木杆，再用茅草一盖，就成为一间简易的教室。其中最大的一间，专门留给陶行知办公，也作为学校的"礼堂"。从美观上考虑，陶行知请人用黄颜料拌石灰，把学校房屋的墙全涂了一遍，从远方望去，非常醒目。

陶行知围着学校走了几圈，他忽然想，在这里办学，目的是让人们增长知识，提高觉悟，应该把"小庄"改为"晓庄"才对，这才含有东方破晓、村庄觉醒的意思。于是，陶行知在"礼堂"的墙上写下"晓庄师范学校"几个大字，并在门口贴了两副对联：

"和马牛羊鸡犬豕做朋友；

对稻粱菽麦黍稷下功夫。"

另一副是：

"以教人者教己；在劳力上劳心。"

晓庄学校后面有一座山，原来叫老山，陶行知把"老山"改叫了"劳山"，意思是要使劳动人民学知识，起来做主人，为此他还写了一首诗，叫《小庄晓》：

老山劳，小庄晓；新时代，推动了。

老山劳，小庄晓；咱锄头，起来了。

老山劳，小庄晓；伪智识，消灭了。

老山劳，小庄晓；士阶级，下野了。

农民们见了，非常高兴，纷纷把孩子送进晓庄师范学校，他们相信，这个来自美国的洋博士，一定能给孩子们传授很多知识。陶行知穿着布衣草鞋，和村里的农民师生们同劳动共甘苦，相处十分融洽。农民们自豪地说："我们穷山沟里走来了洋博士！"

万世师表

儿童的乐园

　　早晨，太阳出来了，大地渐渐披上了一层玫瑰色，袅袅炊烟升上天空，小鸟叽叽喳喳地在树梢上欢叫。

　　"手把个锄头锄野草呀！锄去野草好长苗呀！咿呀嗨，呀荷嗨！锄去野草好长苗呀！呀荷嗨，咿呀嗨！五千年古国要出头呀！锄头底下有自由呀！咿呀嗨，呀荷嗨。锄头底下有自由呀！"

　　一阵嘹亮的歌声传来，划破了清晨的宁静。晓庄师范礼堂里，数十名小学生整整齐齐地坐着，正在唱陶行知亲自写词并谱曲的《锄头舞歌》，他们只有七八岁光景，唱得可高兴啦，每个人的脸上都露出愉快的神色。根据惯例，他们每天早晨都要在这里做"寅课"，唱歌读书，朗诵诗歌，有时还要举行辩论。

　　歌声一停，学生们便把目光投在陶行知的脸上，"不知今天我们要做什么"？

陶行知站起身，笑呵呵地说："同学们，你们怕不怕蛇呀？"

一提起蛇，立即有几个胆小的女孩子哆嗦起来，蛇是多么可怕呀。毒蛇舌头伸出好长好长，咬人才凶哩。这几天蛇特别凶，有时还爬到农民屋里去了。村里的王三伯就是走路不小心，被蛇咬了一口，腿肚子肿得又红又粗，半个多月了还

不能下地干活。这件事把大家吓怕了，见了蛇直躲，有的农民连锄地都不敢下田了。一想到这里孩子们就感到害怕。

陶行知见同学们不敢吱声，只怔怔地望着自己，他便笑着说道："蛇并不可怕，它也是一般的动物嘛！只要我们能找到它的活动规律，找到蛇的致命弱点，就能抓住它，像拿小兔、小鸡、小鸭一样地做试验。我们学学捉蛇好吗？"

听说蛇也能抓，几个胆大的学生便来了兴趣，要陶行知带他们马上去抓蛇，他说："如果我们能把蛇像抓小鸡一样地抓来玩儿，就没有人再害怕蛇了，农民们不又可以放心大胆地去种田锄草了吗？"他话音刚落，大家便一齐附和。陶行知见同学们来了兴趣，十分高兴，但他严肃地说：

"蛇可以抓，但我们必须先学会怎样抓，要了解蛇，知道在哪儿抓。不然的话，不但抓不到蛇，还要被蛇咬伤哩。"

"那您就给我们上一次关于蛇的课吧。"孩子们一致要求。

"今天我们就上蛇课。我给你们请来了一位老师，他是捉蛇能手，他给你们讲完课后，就带你们去田野里捉蛇，好不好哇？"陶行知征求学生的意见。孩子们兴趣

人生两个宝双手与
大脑用脑不用手快
要被打倒用手不用
脑饭也吃不饱手脑
都会用绕算是开天
阔地的大好老

手脑相长歌

陶知行题

非常浓。

不大工夫，一个40多岁的中年人进来了，他剃着光头，穿件破长衫，额头突出，黑亮黑亮的。他一进屋，孩子们就把目光集中在他手中提的竹笼子上了，里面装了许多蛇。胆小的学生吓得"妈呀"一声，直往后躲。

陶行知介绍说："这位是在南京请来的徐先生，他捉蛇本领很高，是这方面的'专家'呢。"孩子们热烈地鼓掌，表示欢迎。

原来，这次课是陶行知早就设计好的。晓庄师范创办起来以后，陶行知考虑到农村的实际情况，他采取了灵活多样的教学方式，除上"寅课"布置一天的任务时大家集中外，其余时间完全采取自由安排方式。学生根据自己的爱好和兴趣，自动结组学习，在上课时，有的人读书看报，有的人唱歌跳舞，有的人捉蝴蝶捉蜻蜓，有的人在校园里种地锄草，大家一点也不感觉枯燥。陶行知认为，这种方式灵活多样，可以培养学生多方面的能力，并使他们养成爱劳动的习惯。

前不久，一个农民被蛇咬伤，陶行知就想起了一个让学生学习生物的好方法。他步行几十里，在南京市一个破旧的古庙中找到了个姓徐的"蛇花子"，这个人专门捕蛇，靠此糊口。听陶行知说明来意，他感到很高兴，愿意把自己捉蛇的绝技教给孩子们。

姓徐的蛇花子没有读过书，但他长期捉蛇，经验丰富，对蛇的习性、特点非常了解，因而讲起课来也趣味横生。他不时地拿出蛇来给孩子们做示范，讲解哪种蛇有毒，哪种蛇无毒，怎样抓。孩子们听得津津有味。几个胆大的学生还围上来，根据蛇花子的指点，亲自用手去抓笼子里的蛇。起初小心翼翼，但一会儿就不害怕了。

很快，学生们就在陶行知的带领下，到田地里、到山上捉蛇了。有的人把抓来的蛇装在笼子里，拿回学校做实验用，有的人干脆把蛇盘在脖子上玩耍。农民们见了，再也不害怕蛇，敢抓敢打又下地干活儿了。

陶行知先生纪念馆

一个学生高兴地告诉陶行知："蛇被王三伯咬啦！"陶行知一时没弄明白是怎么回事，仔细询问，才知道，原来，自从人们不再怕蛇以后，被蛇咬过的王三伯伤好了，他也开始下地捉蛇，把捉到的大蛇剥皮烧着吃掉了，感觉蛇肉味道鲜美，就对大家讲述，说蛇肉好吃。这个学生说话笼统，没有讲清，结果让人是丈二和尚摸不着头脑。

陶行知笑着批评这个学生，告诉他说话时表达应该准确，不然不就成为啥也说不清的"笼统哥"了吗？说着，他给孩子们讲了一个非常风趣的"笼统哥"故事：

笼统哥是混沌国、含混省、糊涂县、囫囵村人。有一天，笼统哥到科学园去玩。

人问他："多大年纪？"

他说："几十岁了。"

人问："有几个儿子？"

他说："好几个。"

人问："你母亲多大岁数？"

他说："老了。"

人间："你一个月能挣多少钱？"

他说："不多。"

人问："你一顿吃几碗饭？"

他说："不少。"

再问他："贵国离这里有多远？"

他说："很远很远。"

陶行知把故事讲完，学生们都逗得"哈哈"大笑，他们从此说话办事，再也不含糊马虎啦。

陶行知非常反对学生变成读死书的书呆子，他要求学生读书时一定要思考，让学生样样能干，他说："有柴不会烧，肚子饿得咕咕叫。书呆子烧饭，一锅四样：生、焦、硬、烂。"因此，陶行知写了一首浅显易懂，又富有哲理的小诗："人生两个宝，双手与大脑，宁做鲁滨孙，单刀辟荒岛。"教学生学唱，后来，陶行知把这首诗又改成："人生两个宝，双手与大脑。用手不用脑，饭也吃不饱。用脑不用手，快要被打倒。手脑都会用，才算是开天辟地的大好佬。"

在校园中，孩子们都高高兴兴，和陶行知在一起，总是那么轻松愉快，活泼有趣，他们都非常尊重陶行知，认真听取他的教导。

陶行知鼓励学生事事自己动手，不要依赖别人，因此，他把学校的餐厅叫作食力厅，还写了一首《自立歌》教大家唱："吃自己的饭，滴自己的汗，自己的事自己干，靠人，靠天，靠祖上，不算是好汉！"在陶行知的熏陶下，进入晓庄师范的学生都养成了艰苦朴素的习惯，他们全都穿草鞋，有人在田中耕耘，有人在苗圃中施肥，

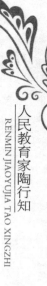

有人在河边挑水，有人在厨房里做菜，分不清老师、学生和农民，大家完全是一个样子。

看见孩子们能够读书识字，又能种菜干活，晓庄的农民都非常高兴，认为陶行知给他们的孩子建立了一个乐园，在那里孩子们各方面的本领都得到提高，进步可快呢。陶行知年纪很大，但看见孩子们高兴，他也高兴，农民亲切地称陶行知为"挑粪校长"，他高兴地说："我一闻牛粪诗百篇，培育孩子建家园哪！"

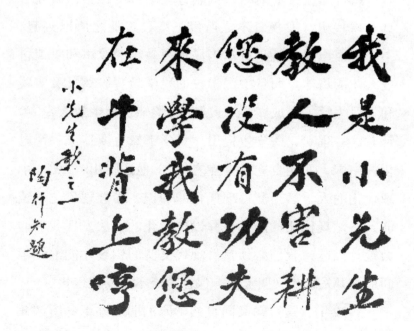

科学教育理念

陶行知在日本期间，重点考查了日本社会，研究了日本现代史，发现日本之所以强盛，工业之所以兴起，一个重要原因，就是日本当局重视教育的改革和重视科技人才的培养。而且中国学校的科学教育脱离社会实践和人民生活，变成"洋八股"，科学知识为少数人专有。针对这一现状，陶先生提出"科学下嫁也要造成一个电化的中国，才能自立于世界之林"。他还指出："做一个现代化的人，必须懂得现代化的知识，学会现代化的技能，感觉现代化的问题，并以现代化的方法发挥我们的力量。因此，我们必须拿着现代文明的钥匙才能继续不断地去开发现代文明宝库，保证川流不息的现代化。"

1932年，陶行知又同自然学园的朋友办了一所"儿童科学通讯学校"。以造就科学的儿童和科学的民众，成为科学的民族，以适应科学发展，走向世界。陶先生高瞻远瞩地面向未来，面向世界，他说："在科学的世界里要有科学的中国，科学的中国由科学的孩子们创造。"为了让不识字的人也能受到科学教育，他借私人广播电台，创办"空中学校"，向人民宣传科普知识。

可见，陶先生在半个世纪以前就看到了科学技术的极端重要性，在极端困难的条件下努力使自然科学走出象牙之塔，下嫁给人民群众，他的长远目光以及对科普事业的贡献永载史册。

陶行知纪念馆

实用教育理念

　　陶先生从改革乡村教育着眼，从改造旧师范教育着手。晓庄师范成为生活教育的第一个实验基地。1927年3月15日，陶先生脱下西装革履，穿起布衣草鞋，抛弃高官厚禄，心中怀着"四个一百万"，即"征集一百万位同志，募捐一百万元，创办一百万所学校，改造一百万个乡村"的伟大宏愿，与东南大学教授赵叔愚先生自觉下乡，来到了南京北郊的劳山脚下创办了我国第一所试验乡村师范学校，因为地点在晓庄村，故称晓庄师范。其培养目标是：使学生具有"健康的体魄，科学的头脑，农夫的身手，艺术的兴趣，改造社会的精神"。以征服自然、改造社会为目的，培养德、智、体、美、劳全面发展的新师资。拒收书呆子、文凭迷、小名士三种人。经过演讲和开荒考试后，第一批招收了十三位学生。

　　陶先生反对死教书、死读书，提倡活教书、活用书。

陶行知

晓庄师范的图书馆命名为"书呆子莫来馆";礼堂取名为"犁宫",门边书写对联是:"和马牛羊鸡犬豕做朋友,对稻粱菽麦黍稷下功夫";食堂取名"食力厅",要求学生自食其力。

中国新教育的曙光从晓庄升起。陶先生将杜威的"教育即生活,学校即社会,做中学"的实用主义教育理论翻了半个筋斗,提出"生活即教育,社会即学校,教学做合一"为中心内容的生活教育理论。提倡教育与社会生活实践、教育与生活劳动、教育与人民大众相结合的开放教育,反对鸟笼式的封闭陈腐的三脱离的封建传统教育。主张手脑并用,在劳力基础上劳心。陶先生把"老山"改为"劳山"、"小庄"改为"晓庄",还根据晓庄农村民歌改编了锄头舞歌,这首歌便成为晓庄师范的校歌,流传全国各地乃至今日。

南京晓庄学院

燕子矶头 "回生碑"

燕子矶头"回生碑"的内容，源于陶行知先生的人文主义教育思想，浓缩了他"以人为本"的教育理念。"回生碑"如一盏明灯，拂去人们心头的迷雾，昭示着生命的真谛，鼓舞人们珍爱生命、热爱生活的信心。

如今，陶行知先生创立的晓庄师范学院，依然矗立在燕子矶附近，校园内有一处"行知园"，园内的"陶行知墓"是江苏省重点保护文物。园内的"陶行知纪念馆"陈列的文献资料，展示了他的教育思想和光辉的一生。

陶行知以"捧着一颗心来，不带半根草去"的赤子之忱，时刻把劳动人民的喜乐悲欢放在心上，他是虔诚的人道主义者，始终把人的价值置于其教育思想的核心位置，他的杂文《中国的人命》，就充分体现了这种理念。有感于不断重演的生命悲剧，陶行知喟然长叹："人的生命！你在中国是耗费得太多了。"生命之巨量耗费，

主要源于对生命的轻贱，主要源于爱的匮乏。

南京作为中国六大古都之一，巍然屹立在长江南岸。长江水奔腾咆哮，孕育了华夏文明，给南京古城增添了神奇色彩和迷人的传说。

南京燕子矶头

终年游人络绎不绝，前来游览观光。骚人墨客，题诗作赋。

不到燕子矶头游玩儿一趟，来南京的人都会感觉非常遗憾，犹如进北京没能登上万里长城。

燕子矶

　　这一天黄昏，陶行知离开晓庄师范，随意散步来到了燕子矶头，这里离晓庄只有900米，是南京著名的游览胜地。地势高耸，紧偎长江，极目远眺，江水浩荡奔腾，南京全景，尽收眼底，令人心旷神怡。

　　今天陶行知心情特别好。他迎着落日的余晖，跟随络绎不绝的人流登上燕子矶，欣赏夕阳西下、彩霞飞绕、江水披红的美景。

　　"救人啊！有人落水了！"不知谁大喊一声，犹如晴天霹雳，把游客全都吸引了过去。

　　陶行知回过身，急忙向发出呼喊声的地方跑去，这里已经挤满了人，向江心观望着，落水者被浪花卷进江水中，很快不见了。人们议论纷纷，面现悲色，不知谁忽然看见地上扔着一件衣服，拿起一看，里面裹着张纸条，是咬破手指用鲜血写成的，略微一读，原来是一封绝命书，一定是那个落水者留下的，看来，这个人是有准备的自杀啊。

　　陶行知从那个人手中接过绝命书：

　　"国家贫弱，百姓穷苦。列强入室，任人宰割。报国无门，生不如死。"

　　陶行知双手颤抖，泪水不由自主流下脸颊。是啊，自从1840年英国发动鸦片战争，用炮舰打开了中国的大门，帝国主义便相继侵入中国，在中国划分租借地，残

陶行知

1891—1946

中国历史上伟大的人民教育家

千教万教，教人求真；千学万学，学做真人。

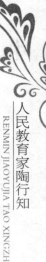

酷地剥削压迫中国人民。伟大的民主革命者孙中山先生，发动辛亥革命，推翻了清王朝在中国的统治，但革命成果被袁世凯窃取，他同帝国主义签订卖国条约，企图再建立一个封建王朝，在人民的强烈反对下，袁世凯在忧惧中死去，中国又陷入军阀混战的局面。国民党和共产党亲密合作，结成革命统一战线，取得了反对北洋军阀统治的革命战争的初步胜利。但是，就在革命即将胜利的前夕，蒋介石国民党发动反革命政变，血腥屠杀共产党员和革命人士，中国到处是恐怖，广大人民在黑暗中摸索，在黑暗中挣扎。

中国向何处去？有识青年为国家命运、为民族前途痛苦地彷徨，"报国无门，生不如死！"是他们在痛苦中发出的呼声。

陶行知正在沉思，忽然听见一个人说："可悲啊！我这已经是第四次看见有人跳水自杀了，他们年纪轻轻，本来可以做更多的事情，却这样默默无声地走了，这是我们国家的悲哀、民族的悲哀啊！"

陶行知无法再待下去，他转回身，默默地回去了。

夜晚，陶行知躺在床上，思绪万千。他本来是一个乐观的人。昨天，陶行知从大街上过，看见一个房门上贴着四句话："日出而作，日落而息，埋头苦干，不怠不逸。"陶行知皱皱眉头，立即提笔把"苦"字改成"乐"

字。屋主人不明白陶行知的意思，陶行知就笑着解释说："我们学习，为的是学到有用的知识和技术，这不是乐事吗？学好本领，可以更好地为工农大众服务，这不是更大的乐事吗？既然都是乐事，我们为啥不乐干而要苦干呢？"可是现在，陶行知无论如何也高兴不起来，一闭上眼睛，便浮现出落水者被浪花卷入江心的场面。

"不行，必须想个办法，制止这种愚蠢的自杀行为。青年是国家的财富，这样无谓的牺牲太可惜了。"

陶行知想啊想啊，终于想出了一个办法。第二天早晨，陶行知找来三块木板，在上面分别刻下了几句感人肺腑的话：

"想一想！死不得！"

"人生为一大事来，做一大事去，你年富力强，有国当效，有民当爱，岂可轻生？"

"死有重于泰山，死有轻于鸿毛，与其投江而死，何如从事乡村教育，为中国三万万四千万农民努力而死！"

陶行知把这三块木板带到燕子矶立在了最显眼的地方。许多来燕子矶想要跳江自杀的人，看见这三块木板上的字后，都认真思考，打消了自杀的念头，重新扬起风帆，奔向前程。

　　人们非常感谢立这三块木板的人，管这些木板叫作"回生碑"。

燕子矶头『回生碑』

"太老学生"

1931年9月18日，是中国人难以忘怀的日子。

隆隆炮声震颤了中华大地，日本侵略者进攻沈阳，不久占领了全东北，几千万中国东北同胞，沦落在日本军人铁蹄的蹂躏之下。

又是一个国耻日。日军攻陷沈阳不到5个月，又把侵略矛头指向上海。

要求抗日的呼声日益高涨。中华民族面临严峻的考验。为寻求抗日救国道路，陶行知离开南京晓庄，只身来到上海，亲临抗日前线。

陶行知大声呼吁，要全国人民奋起抗战，抵御外来侵略，他决定创办山海工学团，专门招收贫困的工人子弟入学，既教他们文化知识和生产技术，又培养他们崇高的爱国主义理想，因而他提出"工以养生，学以明生，团以保生"的口号，提倡边学习边工作，团结一致，抵

陶行知塑像

御外侮。陶行知的倡议很快得到响应，大家认真商量以后，决定不建校舍，只利用庙宇或租用民房办学。

经过多方面努力，山海工学团在孟家木桥的一座古庙里正式开学了。陶行知把这个学校命名为山海工学团，包括两层意思，一是学校的地理位置在宝山县（今上海市宝山区）和上海市之间，二是日本帝国主义侵占了中国东北，天下第一关山海关已经危在旦夕。因而，起名山海工学团，就是要学生们团结起来，共赴国难收复失地的意思。山海工学团没有老师，陶行知就把晓庄师范的学生找去，推行"小先生制"，把学生分成几组，让大孩教小孩，边劳动边学习。为了激发学生的爱国主义情感，陶行知特地写了一首充满激情的诗：

十月一！十月一！敌仇勾销在一笔；
联合起来打公敌。
十月一！十月一！请问公敌是什么？
帝国主义！帝国主义！

陶行知正在忙于办山海工学团时，忽然收到一封来自晓庄的信，他打开一看，不由眉头皱紧了。原来，晓庄师范因宣传抗日思想被国民党政府关闭了，许多孩子失学。他们听说陶行知在上海创办了山海工学团，专门

行知亭

招收穷苦孩子，就有些人要求到山海工学团学习。陶行知想呀想呀，"不行，山海工学团地方太小，晓庄的二百多名失学儿童哪能都来呢？如果只来一部分，其他人怎么办"？陶行知考虑了整整一夜，终于想出了一个好办法。对，创办一个儿童自动学校吧，让孩子们自己教自己。

这样想着，陶行知就提笔写了两封信，一封是给晓庄孩子们的，他告诉孩子们说："你们来学习，自然是好事，我非常欢迎。可是，你们还有二百多个同学怎么办？总不能大家一起来呀。我教你们一个办法，这就是你们自己团结起来，建立一个学校，会的教人，不会的跟人学，这不就是一座很好的学校吗？"另一封信是写给他的晓庄老朋友陈金禄、唐宜春、董云龙的，让他们帮助晓庄的失学儿童建立一所学校。

晓庄的孩子们收到陶行知的信以后，高兴极了，在当地老农民的支持和帮助下，学校很快建立起来了。他们在佘儿岗找了一座破庙，农民每家凑点木料，叮叮当当地做成桌椅，搬进古庙，又请经验丰富、有声望的老农民做校董。由82名儿童组成的一个特殊学校开学了。陶行知派人把课本送来，还写了一首诗，"一个学校真奇怪，大孩自动教小孩，七十二行皆先生，先生不在学生在。"他给学校起名叫"儿童自动学校"，又派人送来他

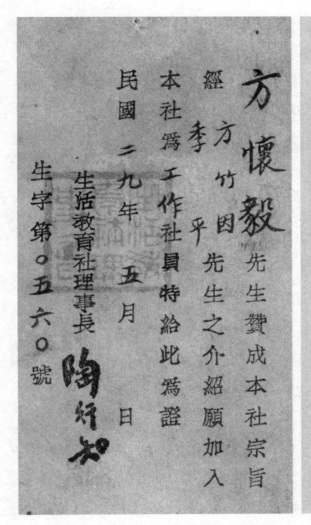

战国青铜人物立像

亲自书写的两张条幅，贴在学校的墙上，用来鼓励学生手脑并用，艰苦求学，培养良好的学习劳动习惯。

在陶行知的关怀下，儿童自动学校很快发展壮大了，过了一年时间，已经有了200多名学生，这些学生热情

非常高，他们分成几个小先生团，到各村里给农民讲故事，教农民识字唱歌，农民群众可欢迎啦。陶行知在上海知道以后，非常高兴，9月4日这天，亲自为儿童自动学校一周年校庆写了热情洋溢的祝词："紫金山为笔，青天为纸，乌云为墨，动手写字。写什么字？立大志，求大知，做大事。庆祝这光荣的九月四。"

陶行知刚把给儿童自动学校写的祝词送出去，忽然听说"新安儿童旅行团"来上海了。陶行知立即前去观看。

只见一群小孩，穿着草鞋，光头赤膊，手中打着小旗，一路高呼"打倒日本帝国主义！赶走侵略者！"他们时而停下讲演，时而去贴标语口号，吸引了很多人。

这些小孩见陶行知来了，立即高兴地欢呼起来："陶太老师来了！陶太老师来了！"原来，陶行知非常关心少年儿童的成长，他绝不满足于创办一两所学校，而是立志要创办一百万所学校，让所有的中国人特别是少年儿童都能读书学习，获得知识。他还在南京晓庄师范学校担任校长的时候，就决定再创办一所学校，利用晓庄师范的学生去讲课了。恰巧这时，江苏淮安徽州同乡会和莲花街的群众，联名写信给陶行知，希望陶行知能帮助他们建立一所学校。陶行知就派出晓庄师范成绩优秀的学生李友梅、吴辅仁、蓝九胜去江苏淮安，在新安会馆建立起了新安小学。"新安儿童旅行团"就是由新安小学的儿童组成的，他们专门到上海，参观19路军抗战的光荣战场，并进行爱国抗日宣传。从辈分上说，陶行知真是他们的太老师呢。

"新安儿童旅行团"的小团员们热烈鼓掌，一个领头的小团员亲切地把话筒拿到陶行知面前，要让陶太老师给大家讲几句话。

陶行知接过话筒，高兴而又风趣地说："我不是太老师，因为我是主张向学生学习的呀，你们都是小先生，我是你们的太老学生呀。""新安儿童旅行团"的孩子们听了，都高兴得哈哈大笑。陶行知热情支持新安小学学生们的旅行活动，写下了一首热情洋溢又脍炙人口的诗歌："一群小光棍，数数有七根。小的十二岁，大的未结婚。没有父母带，先生也不在。谁说孩子小，划分新时代。"

在陶行知支持和关怀下，"新安儿童旅行团"在上海的活动获得了巨大成功，受到人们热烈欢迎。后来，新安小学在陶行知的组织下，挑选几名年龄较大成绩优秀的学生组成了新的旅行团，决定从新安出发，周游全国，进行抗日宣传，起名叫"新安旅行团"，还受到中国共产党领导人毛泽东和周恩来的亲切关怀呢，周恩来在百忙之中抽时间亲自接见了旅行团的小朋友。

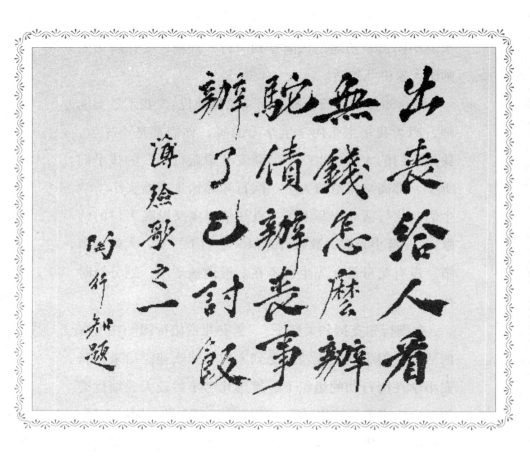

出丧给人看
无钱怎么办
驼债办丧事
办了又讨饭

谤险歌之一

陶行知题

全面教育思想

　　全面教育思想是陶行知生活教育理论的重要组成部分。他经过实践发现，"教育即生活"的路子走不通了，便提出了"生活即教育"的生活教育理论。他认为，生活决定教育，教育影响生活；过什么生活就接受什么教育，生活变化了教育也要变化。做人要追求真善美，在生活中要有良好的德行、聪明的头脑、勤劳的双手、健康的体魄和美好的生活情趣。生活是美好而完美的，教育也应该是全面的。整个的生活需要有整个的教育，这是"全面教育"思想的理论基础。

　　全面教育思想，把改造人和改造社会联系起来，面向社会、立足现实、放眼未来，博大精深。"心、脑、手并用"是"全面教育"思想的精髓。"学政治、学经济、学文化相结合"，即全面学习、全面训练和全面提高。"健康、科学、劳动、艺术及民主将构成和谐的生活"，

陶行知纪念像

即培养全面发展的人，实施德、智、体、美、劳全面发展的教育。

全面教育思想，实质上就是要培养"真人"，树立真、善、美的人格；根本上就是要培养"整个的人"，"培养合理的人生"。他认为"整个的人"必须同时具备三要素——健康的身体、独立的思想和独立的职业，提出"德育为本，智勇为用"的主张，强调"智仁勇合一"的教育思想。全面教育思想包含着德育观、智育观、体育观、美育观和生产劳动教育观。这几个方面都是全面教育的重要组成部分，相互渗透、相辅相成，构成一个相对完整又有一定独立性的整体。其中，德育是全面教育的前提，智育是全面教育的基础，体育是全面教育的出发点，美育贯穿着全面教育的全过程，劳动教育是全面教育的必要环节。

1932年，陶行知在上海宝山县（今宝山区）创办了山海工学团，开展普及教育运动。普及"工以养生，学以明生，团以保生"之生活教育。工是做工，学是科学，团是集团，这三种生活缺少一种便是残废的教育。工学团是一个小工场，一个小学校，一个小社会，三者打成一片，产生一个富有生活力的新细胞。这是一所唤醒人民、组织人民向大自然进军，向帝国主义和封建势力作斗争的教人民革命的学校，创立了"即知即传人"的小

先生制。他说："中华民族已经到了生死存亡关头，我们想要起死回生，整个民族须以最敏捷的手段，实施下列六个培养：培养普遍的军事能力；培养普遍的生产能力；培养普遍的科学能力；培养普遍的识字能力；培养普遍的运用民权的能力；培养普遍的节制生育的能力。"陶行知发明的小先生制先后在28个省市推广，使全国的普及教育运动推向高潮。他还发起成立中国教育助成会。与此同时，还主编了《生活教育》（半月刊），出版了《古庙敲钟录》《斋夫自由谈》《行知诗歌集》《老少通千字课》等著作。

陶先生还积极支持新安小学组成的"新安旅行团"。让孩子走上社会，旅行修学，参加抗日救亡运动，行程5万里，途经22个省市，历经18年头。这是陶先生在抗战时期把"小先生制"运用于抗日救亡运动的一种崭新的有效方式，是在中国和世界儿童史上的一个伟大创举。

给美国人"换"脑袋

1936年7月12日，一艘巨大的客轮离开了香港码头，沿着波涛汹涌的海面向远方驶去。一个身穿白色长衫、头戴黑色礼帽的中年人，斜倚在栏杆上，凭栏远眺，望着苍茫起伏的大海，听着远方震耳的隆隆炮声，他面部肌肉抽搐了几下，目光又凝滞不动了。他沉思了一会儿，忽然脸上露出笑容，从衣兜里掏出手绢，擦了擦脸上的汗水，轻声说道："灾难深重的祖国啊，你的英雄儿女正在奋力奔波，他们一定会医治好你身上的累累伤痕，把一切侵略者赶出去。"

这个中年人就是陶行知。

他怀着一颗赤诚的爱国之心，不辞千辛万苦，踏上异国土地，他是代表几亿中国人民，去参加世界新教育会议和世界和平大会。中国需要了解世界，世界需要了解中国。陶行知背负着更为艰巨的使命，他不但要使中

陶行知塑像

华民族站在世界舞台上，他更要向世界人民介绍中国人民英勇抗战的事实，揭露日本法西斯在中国犯下的滔天罪行，粉碎日本等法西斯国家的欺骗宣传和对中国人民的无耻污蔑，唤醒人们沉睡的灵魂，认清侵略者的丑恶面目，揭穿他们的鬼魅伎俩，为中国人民的抗日正义斗争争取更为广泛的同盟者。他的这一任务是何等艰巨啊！他要在26个国家进行一趟特殊的"旅行"。

一路颠簸，陶行知来到比利时首都布鲁塞尔，那时，许多国家爱好正义与和平的人民都集中在那里，抗议法西斯侵略暴行，要求实现世界的和平，他们准备召开盛大的世界和平大会。听说陶行知率领的中国代表团到来的消息以后，世界各国代表都报以热烈的掌声表示欢迎。当时，中国是受法西斯侵略灾难最为深重的国家，中国人民抵抗侵略的英勇精神受到世界各国人民的普遍赞扬。

当陶行知、陈铭枢、胡秋原、王礼锡等中国代表走上主席台时，全会场的数千双眼睛立即盯在了他们的身上。中国代表身着黑装、步履稳健、神情刚毅沉着，陶行知环顾一下会场，用激昂铿锵的声调向大会做了讲演，愤怒谴责了日本强盗在中国的侵略行为，声泪俱下，台下掌声雷动，人们无不为之动容，从陶行知身上，他们看见了中国的希望，一致通过决议，要以各种方式支援中国人民的正义斗争。

陶行知纪念馆

　　欧洲的中国留学生得到陶行知来到的消息后，立即拍发电报，邀请陶行知去给他们做关于国内抗日形势的报告，分析时局。每一个海外赤子在中华民族面临危亡的关键时刻，都没有忘记自己是中华儿女，他们关心着祖国的命运，要为挽救民族危机贡献自己的力量。

　　陶行知应邀前往，离开布鲁塞尔来到巴黎。在巴黎的中国留学生数量很多，他们有的是20世纪20年代前往巴黎探索救国救民的真理，有的是在抗日战争爆发后来巴黎，动员国外华侨支持国内抗战。他们自动组织起来，

建立了中国留法学生会和华侨抗日救国会，统一组织巴黎中国留学生和华侨的爱国活动。陶行知的到来，使他们感到万分高兴，立即组织了盛大的欢迎会，在会上陶行知向华侨和同胞们控诉了日本帝国主义在中国烧杀抢掠、无恶不作的滔天罪行，要同胞们团结起来，共同奋斗，打倒我们民族的共同敌人。陶行知话音一落，会场上立即响起了嘹亮的口号声，"打倒日本帝国主义！""团结抗战！"震荡云霄。突然，不知谁唱起了《义勇军进行曲》，最初是几个，很快就变成了大家的合唱。

"起来，不愿做奴隶的人们，把我们的血肉，筑成我们新的长城，中华民族到了最危险的时候……"

歌声悲壮雄浑，感人肺腑，表现了每一个中华儿女强烈的爱国之心。陶行知眼睛湿润了，在国难深重的时刻，在异国他乡，陶行知听到了这亲切熟悉的歌声。原来，这是最近来到法国的一批中国留学生带来的，人们听见这歌声，仿佛看见了在苦难中挣扎奋斗的中华民族，每个人都争相学唱。《义勇军进行曲》像国魂一样飘荡在异国的土地上，带给每个远离故乡的中华儿女无尽的思念，也给他们增添了无穷的力量。在陶行知的倡议和组织下，英、法、德、瑞士、荷兰、比利时等国的华侨留学生纷纷来到巴黎，云集一堂，商讨救国救民的办法，成立了全欧华侨抗日救国联合会，陶行知在会上做了振

奋人心的讲演，使旅欧华侨在抗日基础上达到了空前的团结。

陶行知在法国和英国看到了广大华侨抗战救国的高昂热情，他心中十分激动，可转念一想，华侨遍布世界各地，欧洲华侨只是其中的一小部分呀，应该让全世界的华侨都团结起来，争取国外友人的同情、支持和援助，共同为打倒日本法西斯出力。这样想着，陶行知就决定离开欧洲，到美洲、亚洲等地进行广泛的宣传，号召广大华侨团结救国。

这一天，陶行知千里迢迢，来到美国。在美国的中国华侨远远多于法国，但他们彼此很不团结，分成许多

上海陶行知纪念馆

帮派，还互相斗殴，有时发生械斗。一些外国人笑中国华侨是一盘散沙。陶行知了解到这一情况以后，他四处活动，找各个帮派的头领谈心，要他们团结起来，共同抗日，为祖国效力。在陶行知的耐心说服和劝导下，有分歧的华侨领袖都后悔万分，他们抛开个人恩怨，握手言和，互相道歉，发誓以后再也不搞派别械斗，分散力量。以前的冤家对头，在抗日救国活动中都变成成好朋友，结下了深厚的兄弟情谊，他们都称赞是陶行知给了他们真理和新的生命。

美国华侨的抗日活动，主要采取两种方法，一是给国内直接捐款捐物，支援抗战；二是号召人们抵制日货，从经济上惩罚日本，他们不但自己不买日货，还号召美国人不买日本货。陶行知很会想办法，他先拜访了在美国的华侨衣馆联合会，向主席讲明抗日救国的道理，当衣馆联合会的领导人表明自己具有爱国心时，陶行知就教给他们一个扩大抵制日货、进行宣传的办法。华侨衣馆联合会统一管理华侨洗衣店工作，就让洗衣店的老板和职工往洗好的衣服的衣兜里塞一张纸条，上边写着"请不要买日本货"。衣服主人拿回衣服看到纸条后，许多人受到影响，再也不买日本货了。带日本领带的美国学生把领带扯下，扔进垃圾箱里。穿日本丝袜的美国小姐也把袜子脱下来，用火烧掉。华侨更认为用日本货是耻辱。陶行知看到这种情况非常高兴，他写了一首诗："好少爷，真不错，宁可裤子破，不买东洋货。如买东洋货，没人嫁你做老婆。"在华侨们抵制日货的情况下，大量的日本货积压街头，有些甚至烂掉了。码头工人不肯为日本货装船搬运。遇见有往中国运的日本军火，他们就连船带军火一起扣下，不许离开码头，运到中国去杀中国人。在华侨们的大力争取下，美国人也积极支持抵制日货的活动。

有一次，日本军阀看见大批军火积压在旧金山码头运不出去，非常着急，就收买了一个叫索索奇的工贼，叫他去设法说服旧金山码头工会领袖卜立哲斯。索索奇找到卜立哲斯后，装出一副为日本工人着想的样子，乞求卜立哲斯不要再抵制日货，给日本工人一碗饭吃。卜立哲斯一眼就看穿了索索奇的阴谋，斥责他说："难道你想让这些武器运到中国去杀害中国人民吗？是因为你们的军阀侵略中国，残酷剥削工人，才使日本工人受饥挨饿。我们抵制日货，正是支持中国人民，惩罚日本军阀，支持日本工人！"一席话义正词严，索索奇灰溜溜地走了。

陶行知很会做华侨工作，有一次，他听到朋友们谈起华侨抵制日货的情形：如果有人贩卖了日本货，就要受到严厉惩罚，有些人屡教不改，华侨就割去他的一只

昼眠初起报茶熟

可候吾兄正之

宿酒半醒闻雨来

陶知行

耳朵。陶行知听了，对华侨的爱国精神很是钦佩，但不赞成他们的这种残忍做法，于是他说道："耳朵割掉了不能再长，这个办法不好，必须改正，应该用火热的救国

陶行知先生在国外演讲海报

热情去说服他，教育他，只要不贩卖日货就好了。"他还幽默地说："耳朵割下来容易，再装上去可万难啊！我希望有机会去同他们谈谈，如果没有了耳朵，听话不大方便，还是让他们留着吧。"陶行知的话传开以后，华侨们都很感动，以前贩卖日货的也不卖了，改卖中国货，挣的钱支援国内抗战。

但是，还有一些美国人不相信中国人民能够取得抗日战争的最后胜利，依然卖给日本武器弹药。在世界舆论普遍支持中国抗战的情况下，这些卖军火给日本的美国人也装出帮助中国抗战的样子，实际上，他们每年给日本提供的帮助远远超过了对中国的支持。陶行知了解这一情况以后，决定认真搜集资料，用事实来劝说这些美国人改变态度，不再卖军火给日本人。

为了进行这项艰苦细致的工作，陶行知和爱国华侨胡敦元、林霖等人组织了"中华经济研究社"，专门研究日本的军火来源，研究结果表明，1937年美国运往日本的军用材料，占日本进口军火总额的54.5%。陶行知有了这一根据以后，立即在公共集会上发表演说，他声泪俱下地说："当日本在中国杀死一百万中国人的时候，其中有五十四万四千人是美国人帮助杀死的，难道这就是你们对中国人民的帮助吗？"全场人听了，都非常震动，纷纷谴责向日本出口军火的行为。有个在场的美国国会

议员立即站起身说："请大家记着，日本在中国杀死一百万人的时候，有五十四万四千人是美国帮凶杀死的。凡不愿意当日本帮凶的人都站起来！"会场上的人们全都站起来，坚决反对继续向日本出售军火。这件事情在《纽约时报》上登载以后，全美国人民都受到感染，表示坚决支持中国抗战，并提出"不参加侵略"的口号。

陶行知通过大量工作，掌握了丰富而准确的材料，有理有据地进行斗争，一下子改变了美国人的态度，为中国抗日战争争取了更多的盟友。广大华侨都称赞陶行知"给美国人换了脑袋"。

创造教育思想

  陶行知先生是中国近代伟大的人民教育家，他的一生是不断实践和探索的一生。他认为，创造是一个民族生生不息的活力，是一个民族文化的精髓。关于创造和创造教育，陶行知在《第一流的教育家》一文中指出："敢探未发明的新理，即是创造精神；敢入未开化的边疆，即是开辟精神。创造时，目光要深，开辟时，目光要远。总起来说，创造、开辟都要有胆量。在教育界，有胆量创造的人，即是创造的教育家；有胆量开辟的人，即是开辟的教育家，都是第一流的人物。"可见，陶行知的创造教育理论，是鼓励广大教育工作者，积极探索教育教学规律，大胆尝试教育改革，探索出一条适合中国国情的教育之路。陶行知不但是教育创造理论的倡导者，更是创造教育理论的身体力行者。

  创造教育思想体系的建立，是在大量实践基础上，把中西方创造思想珠联璧合的结果，大体经历了以下两个阶段：1917—1933年，是提出和萌芽阶段。这个阶段陶行知的创造教育思想主要以试验教育的形式出现。尽管这时还没有明确提出创造教育的概念，但是陶行知的试验内容重视创新对于国家的重要性，强调创造人才和创新能力的培养，这显然已经包含了创造教育的核心内容。1933—1946年，是形成和发展阶段。1933年3月，他在《教育建设》上发表了《创造的教育》，这篇文章对于什么是创造教育，以及创造教育的目的、对象、范围、内容、方法等做了较为全面系统的阐述，标志陶行知教育思想的正式形成。后来，他又发表了《创造宣言》《创造的儿童教育》《创造的社会教育论纲》《民主教育》《小学教育与民主运动》等文章，进一步从理论上对创造教育进行了论述。

针对旧教育"死"的特点和扼杀儿童生活力与创造力的弊端，陶行知认为实施创造教育的关键一是要解放儿童的创造力，二是要培养儿童的创造力。为此，他首先提出了"六大解放"的独创性见解，并认为"有了这六大解放，创造力才可以尽量发挥出来"。

1.解放儿童的眼睛。不要让儿童戴上封建的有色眼镜，使眼睛能看事实。

2.解放儿童的头脑。撕掉束缚儿童创造的迷信、成见、曲解、幻想的层层裹头布，让儿童去想、去思考，去用头脑向大自然追问。

3.解放儿童的双手。打破封建教育不让儿童动手，摧残儿童创造力的旧传统，给孩子以动手的机会，使他们在手脑并用中发展创造力。

陶行知纪念邮票

4.解放儿童的嘴。儿童只有有了问的自由，才能充分发挥他的创造力。

5.解放儿童的空间。只有解放了空间，才能收集丰富的资料，扩大认识的眼界，以发挥其内在之创造力。

6.解放儿童的时间。创造的儿童教育首先要为儿童争取时间之解放，可以使儿童有时间从容地消化、思考所学知识，去接受自然和社会的宝贵知识，积极去创造。

创造教育的思想，是陶行知创造性地培养人才实践的经验总结，也是他生活教育理论体系宝库中的精髓，至今仍具有无限的生命力和应用价值，值得我们加以继承和发扬。

陶行知与育才学校

在开展全面教育运动时期，陶行知提出教育的目标是"办难童学校，收容教养在战争中流离失所的苦难儿童"，他要培养难童中尤其是有特殊才能的儿童幼苗，萌发了创办育才学校的想法。1939年7月20日，育才学校在重庆北碚借北温泉小学校舍开学，学生人数从四十余到年底增至近百人。起初分音乐、戏剧、绘画、文学、自然科学和社会科学六组，每个组犹如大学的系，到1944年又增设舞蹈组。陶行知的崇高人格以及他为国家育才的伟大精神吸引了一大批优秀的知识分子，前来同甘共苦育英才。音乐家贺绿汀、马思聪，舞蹈家戴爱莲；文学家艾青、艾芜、姚雪垠；画家陈烟桥；戏剧家章泯，以及翦伯赞、艾思奇等人均在育才学校任教。

办学宗旨是应抗战建国的需要，应用生活教育的原理和方法，培养难童中的优秀儿童，使他们成为抗战建国的人才。它的特点是一般基础教育和特殊基础教育同时进行，以促使一般才能和特殊才能的统一发展，防止两者分裂。陶行知说这是知、情、意三者合一的教育。知的教育不是灌输儿童死的知识，而是同时引起儿童的社会兴趣与行动的意志。情的教育是调节并启发儿童应有的感情，主要是追求真理的感情，同时也是知的教育；而追求真理的感情并且努力奉行，也就是意志教育。

在这种统一的教育中培养儿童的知、情、意，启发其自觉，使其人格获得完备的发展。育才学校还以集体生活为教育基础。通过集体的生活教育，使儿童团结起来做追求真理的小学生、即知即传的小先生、手脑并用的小工人、反抗侵略的小战士。育才学校有"三个不"：（1）不是培养小专家，而是使人才幼苗及时得到培养，不致枯萎。在获得一般智能、懂得一般做人道理的同时，培养有发展前途的特殊才能。（2）不是培养人上人。他

行知中学

们从百姓中来，回到百姓中去，把所学贡献于百姓、国家、民族和人类。(3)不是丢掉普通教育，而来干这特殊教育，只是生活教育运动的一件新发展的工作。7月25日，育才学校从北碚迁到合川县（今合川区）草街子凤凰山古圣寺内。陶行知为了办好育才学校，费尽心血。

在重庆的时候，周恩来和董必武同陶行知的交往日渐增多，不时在一起商谈政治形势和应付国民党反动措施的对策。1939年底国民党在华北发动反共摩擦。1940年4月2日陶行知向《新华日报》记者发表谈话指出："目前必须要立即停止摩擦，不使它再发生"，"敌伪怕我们干的事，我们偏要干；敌伪要我们干的，我们偏不干"。1941年初"皖南事变"后，陶行知处境艰难，但他仍不离开重庆。当育才学校在经济、政治多方面受到国民党种种刁难时，他在一次晨会上斩钉截铁地说："育才一定要办下去，绝没有自动停办之理；我宣布：今天（四月六日）定为'育才兴学节'，我决心要跟武训学，我们要做一个'集体的新武训'。"

1941年12月8日太平洋战争爆发，东南亚华侨方面的经费来源中断，陶行知一面紧缩开支，一面加紧募捐。他还发动组织育才学校中的绘画、戏剧和音乐各组师生举办展销和公演，既扩大了影响，也募集了部分经费。他经常提醒师生，校内可以关起门来随便讲，到重庆就不行了，"大路上讲话，草丛中有人听"。这说明了育才学校在政治、经济双重压迫下是如何坚韧不拔地渡过难关，并有所发展的。到1944年冬，育才学校学生增至近300人。陶行知办的育才学校，为民族民主革命培养了大批革命干部，是在国统区为民族民主革命培养干部的革命学校。

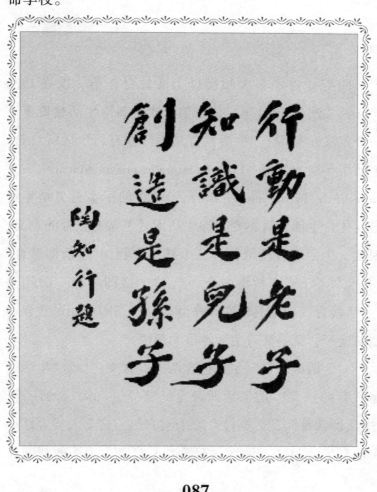

行动是老子
知识是儿子
创造是孙子

陶知行题

生活教育思想

　　陶行知曾经多次解释过生活教育，第一次在1930年，第二次在1934年。他在第二次重新给生活教育下了一个定义。他说："生活教育是生活原有，生活所自营，生活所必须的教育（Life education means an education of life，by life and for life）。"教育的根本意义是生活之变化，生活无时不变，即生活无时不含有教育的意义。因此，生活教育理论包含三个基本命题："生活即教育""社会即学校""教学做合一"。"生活即教育"命题是"生活教育"理论的核心和命脉。它既是陶行知对教育本质的诠释，又是其对生活本质的领悟。

　　"生活即教育"主要包含两方面含义：（1）"生活含有教育的意义"是生活即教育的前提论。陶行知认为，"生活即教育"是人类社会原来就有的，自有人类生活产生便有生活教育，生活含有教育的意义，生活教育随着人类生活的变化而变化。（2）生活决定教育体现生活与教育的关系。"生活即教育"意味着生活是教育的中心，生活决定教育。具体讲，教育的目的、内容、原则、方法均由生活决定；教育要通过生活来进行；整个的生活要有整个的教育；生活是发展的，教育也应随时代的前进而不断发展。

　　"生活即教育"揭示了教育的本质，阐明了教育的职能。教育是生活所原有，生活所自营，生活所必需。这是生活即教育的基本论点之一，说明教育源于生活，源于人类实际生活的需要。这就摒弃了在教育起源问题上的各种唯心主义观点，创造性地确立了教育生活起源说。陶行知明确提出了"生活教育是下层建筑"的论断，他不仅强调教育对改造社会的作用，也强调教育促进个人发展的功能。他强调教育要为提高生活质量，尤其要为提高人民大众的生活质量服务，他的"生活"概念是广义的，包括生产斗争、政治活动等一切活动。因此，陶行知的"生活即教育"所揭示的教育本质论是一种"多重属性说"；教育作为一种社会现象，其性质和功能并不是永恒的，是随着社会生活的变化而变化，发展而发展的，但它与生活的联系则是永恒不变的。

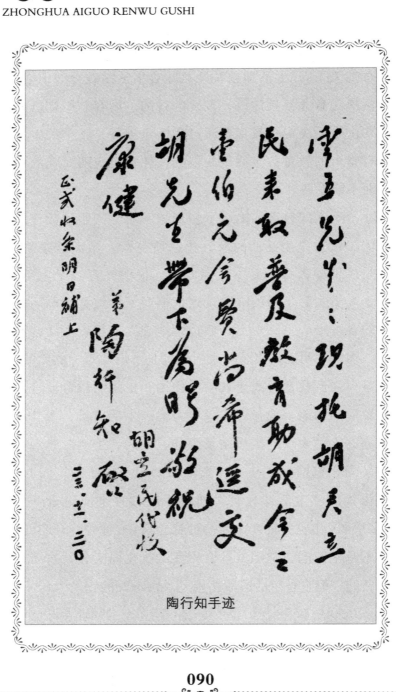

陶行知手迹

培养"天才"的人

美国纽约。

细雨蒙蒙，天气异常阴暗潮湿，人们全都拥挤在码头边上，嘴里不停地咒骂这可恨的天气。陶行知劳累了一天，十分疲倦，衣服已经湿透了，离住处还很远。他就裹在人群里面，听着人们闲聊，有时皱紧眉头，认真思索，有时又面带微笑，眺望远方，他又在想如何拯救自己多灾多难的祖国了。

正在这时，几个赤膊的美国小孩嬉笑着跑过来，他们手里拿着一个大笼子，里面装的全是蛇呀、老鼠呀等东西，人们见了，有的吓得直躲，有的恶心得吐口水，也有几个胆子大的就去逗弄小孩，"你们敢用手去抓他们吗"？小孩扬起头，看了看站在自己面前的人，高声说道："敢呀，我还能给它们剥皮呢。"说话的那个人一下子笑了，拿出一把美元，说道："如果你们能当我的面把

蛇皮剥下来，这些钱就都给你。"其他人听了，都以为这个人是在搞恶作剧，因为他们看见，笼子里的蛇又大又长，长着三角脑袋，毒牙露在外面，样子很吓人呢，别说是小孩，就是大人也不敢用手去抓呀。没想到，那个小孩毫不在乎，他伸出手，把笼子打开，那条毒蛇就吐着舌芯往外窜，围观的人吓得"哇"的一声闭上眼睛，心想，这下子小孩一定让蛇咬坏了。当他们睁开眼睛细瞧时，那蛇已经被小孩牢牢地抓在手里了，三下五除二，很快蛇皮已经剥下，只剩下红红的蛇身子还在那里扭动，人们都惊讶了。

陶行知是懂得捉蛇的，曾经带领晓庄师范的学生亲

自去捉过许多蛇呢。因此呀，陶行知知道捉蛇也是一门很高深的学问，那个美国小孩抓蛇剥蛇的动作非常熟练，其他蛇见了，身子全都缩作一团，动也不敢动。陶行知一下子就判断出，这个孩子有一种特殊的本领，将来如果受到良好培养的话，一定会成为一名出色的生物学家。陶行知又记起了爱迪生的故事。美国著名科学家爱迪生，小时候很笨很笨，谁都不喜欢他。但爱迪生特别喜欢钻研问题，把手中的玩具摆弄来摆弄去，总能变出新花样，其他人说爱迪生是淘孩子，可爱迪生的妈妈却从爱迪生的兴趣中，发现他有一个惊人的创造才能，于是就细心培养他，爱迪生长大后，发明了电灯等许多新奇东西，人们都说他是天才了。

陶行知想，中国现在有许多儿童不能上学读书，说不定他们中也会有许多像爱迪生一样的天才呢，应该发现他们，认真地培养他们，于是，陶行知决定回国后建立一所特殊的学校，专门在穷苦子弟中培养特殊人才。

1938年，陶行知周游访察完世界上26个国家，回到武汉，参加新安旅行团举行的庆祝会后，不顾疲劳，又到所有儿童汇集的地方参观，了解儿童的心愿，考察他们受教育的情况。一天，陶行知来到汉口，他和音乐家任光先生一起参观了这里的儿童保育院。这里的孩子很多，他们大多是战争中失去父母的孤儿，在这里面读书

陶行知塑像

学习。但是儿童保育院的条件很差，老师只能教给他们一般的知识，平时孩子们只是在一起玩耍。陶行知来参观时，正看见一群小孩围成一圈在唱歌，一个小朋友站在圆圈中心，挥舞着小手指挥，孩子们就随他手的动作齐声歌唱。陶行知非常高兴，就走近这个小男孩，亲切地问道："小朋友，你叫什么名字呀？"那个小男孩看了看站在自己面前的先生，见陶行知衣着朴素、态度和蔼，就高兴地回答说，"我叫陈贻鑫。"陶行知又问道："你喜欢学唱歌吗？我让人教你。"说着用手指了指身边的任光先生。陈贻鑫高兴地跳起来，"我太想学了！"于是，陶行知就请任光先生教陈贻鑫学习歌谱和打拍子。第三天，陶行知又来到儿童保育院，他惊奇地发现，陈贻鑫已经能用刚刚学会的音符来记录歌曲了。对于没有音乐才能的人来说，这是学习几年也做不到的呀。陶行知进一步坚定了自己建立一所特殊学校培养特殊人才的信心。

离开武汉以后，陶行知开始为建立"特才"学校而四处奔走，他的主张得到了一些志同道合的朋友的支持，大家共同捐款，陶行知亲自外出考察，寻找理想的建校地址。终于有一天，陶行知在嘉陵江西岸的一片山林里发现了一座破旧的古庙，古庙规模很大，四周被群山环绕，林木苍翠，郁郁葱葱，这里早已没了和尚，但建筑依然完好，巍峨的宫殿，高大的围墙，使古庙显得阴森庄严。拂去灰尘，庙门上清晰地露出"古圣寺"三个大字。陶行知非常兴奋，这里环境幽雅、风光绮丽，又适于隐蔽，能在这里建立一所学校，该有多好呀。

于是，陶行知把募集到的钱都买了学习用具，在朋友们的帮助下不辞辛苦地搬运到古圣寺。他准备好学习工具以后，便开始在各儿童保育院招收学生了。当时，日军杀害了许许多多中国人，他们的子女都成了孤儿，

以治人者治己
在劳力上劳心

文华先生 雅正

陶行知

全部集中在孤儿保育院里，这里的生活和学习条件差极了，他们多么希望自己能够进入一所学校安安静静地读书学习呀。听说陶行知为他们特意创办了一所特才学校，这些孩子们都争先恐后地报名。可是，人太多了，学校

很小，陶行知只好采取考试的办法，从儿童保育院选择了一百多名天真活泼、有特殊才能的儿童，小的五六岁，大的十几岁，他们聪明可爱，脑瓜灵活，在学校里学习非常用功。陶行知根据他们每个人的不同特点，把这些儿童分成了音乐、戏剧、绘画、文学、自然、舞蹈等小组，聘请老师对他们进行专门训练，培养这些孩子的特殊兴趣和特殊才能。陶行知给学校起了个名字，叫作"育才学校"，孩子们在育才学校里，既学习，又劳动，唱歌、跳舞、讲故事、读报纸、挑水、种菜、样样能干，热情可高啦。

有一天，陶行知亲自来学校点名，给孩子们讲话，他在孩子们中间找呀找呀，找了半天也没有找到那个叫陈贻鑫的小朋友，他很着急，心想，这个有音乐天才的小朋友没有来上学，真是可惜呀。于是，陶行知又乘车来到武汉儿童保育院，一打听才知道，原来陈贻鑫正在患病，没有能去参加考试。陶行知知道后，立即筹钱找社会关系把陈贻鑫送进医院，陈贻鑫病好后，陶行知把陈贻鑫带进育才学校，很快陈贻鑫就成长成了一名音乐人才。

陶行知把育才学校兴办起来了，孩子们都有了学习的地方。可是，经费短缺，学生和老师的生活都十分艰苦，吃粮要到几十里外去背，平时只能吃些白菜、土豆

合川陶行知纪念馆

之类，多数情况下都是十几颗蚕豆、两碗稀饭度日。陶行知和师生们同甘共苦，从来不肯享受优待。有一次，陶行知很晚才从外地赶回学校，伙房里只剩下一碗凉稀饭，他端起就吃，伙房工作人员实在过意不去，要生火给陶行知做个好菜，他急忙摆手拒绝了。

陶行知提倡节俭，主张过艰苦朴素的生活，他对孩子们寄予了极大的期望，倾注了大量的心血。只要看见学校的学生们在学习上有进步时，他再累再苦也感到由衷的高兴。有一次，陶行知到学生宿舍里检查，忽然发现有几个学生在那里玩扑克，他脸上的笑容立即消失了，严肃而又悲伤地说："国家面临着灾难，前方将士在流血，后方人民在忍饥挨饿，我们办起学校，为的是把你们培养成国家栋梁之材，这容易吗？可是你们，却是这样地浪费时间。"学生们听了，都惶惶不安地站起来，向陶行知保证以后一定好好学习，再也不玩扑克浪费时间了。

陶行知注重培养学生的专业才能。有一次，他听说学生想学秧歌舞，就亲自组织学生到城里去学。回学校以后就让学生在操场上跳，连不喜欢舞蹈的学生，看见这一欢快场面也忍不住要起来跳舞了。在陶行知的关心爱护下，育才学校培养出了大量的优秀专业人才。

1946年，陶行知先生病逝于上海，毛泽东亲笔题词：

"痛悼伟大的人民教育家陶行知先生千古!"

陶行知生活在中国饱经忧患的年代,他以坚韧不拔的毅力、顽强不屈的精神为中国教育寻觅曙光,"捧着一颗心来,不带半根草去"是他一生的光辉写照,永远激励我们奋勇前进。

陶行知墓碑

名言警句

好的先生不是教书，不是教学生，乃是教学生学。

手脑双全，是创造教育的目的。中国教育革命的对策是使手脑联盟。

中国教育之通病是教用脑的人不用手，不教用手的人用脑，所以一无所能。中国教育革命的对策是手脑联盟，结果是手与脑的力量都可以大到不可思议。

爱情之酒甜而苦。两人喝，是甘露；三人喝，是酸醋；随便喝，要中毒。

立脚点上求平等，于出头处谋自由。

陶行知纪念馆

事事在劳力上劳心，便可得事物之真理。

本来事业并无大小；大事小做，大事变成小事；小事大做，则小事变成大事。

发明千千万，起点是一问。禽兽不如人，过在不会问。智者问得巧，愚者问得笨。人力胜天工，只在每事问。

教育为公以达天下为公。

　　教育中要防止两种不同的倾向：一种是将教与学的界限完全泯除，否定了教师主导作用的错误倾向；另一种是只管教，不问学生兴趣，不注重学生所提出问题的错误倾向。前一种倾向必然是无计划，随着生活打滚；后一种倾向必然把学生灌输成烧鸭。

　　活的人才教育不是灌输知识，而是将开发文化宝库的钥匙，尽我们知道的交给学生。

　　人像树木一样，要使他们尽量长上去，不能勉强都长得一样高，应当是：立脚点上求平等，于出头处谋自由。

　　培养教育人和种花木一样，首先要认识花木的特点，区别不同情况给以施肥、浇水和培养教育，这叫"因材施教"。

　　你的教鞭下有瓦特，你的冷眼里有牛顿，你的讥笑中有爱迪生。你别忙着把他们赶跑。你可不要等到坐火轮、点电灯、学微积分，才认识他们是你当年的小学生。

　　我们要活的书，不要死的书；要真的书，不要假的书；要动的书，不要静的书；要用的书，不要读的书。

总起来说，我们要以生活为中心的教学作指导，不要以文字为中心的教科书。

要学生做的事，教职员躬亲共做；要学生学的知识，教职员躬亲共学；要学生守的规则，教职员躬亲共守。

教师的职务是"千教万教，教人求真"；学生的职务是"千学万学，学做真人"。

因为道德是做人的根本。根本一环，纵然使你有一些学问和本领，也无甚用处。

在教师手里操着幼年人的命运，便操着民族和人类的命运。

先生不应该专教书，他的责任是教人做人；学生不应该专读书，他的责任是学习人生之道。

千教万教教人求真，千学万学学做真人。

要解放孩子的头脑、双手、脚、空间、时间，使他们充分得到自由的生活，从自由的生活中得到真正的教育。

要想学生好学，必须先生好学，唯有学而不厌的先生才能教出学而不厌的学生。

智仁勇三者是中国重要的精神遗产，过去它被认为"天下之达德"，今天依然不失为个人完满发展之重要指标。

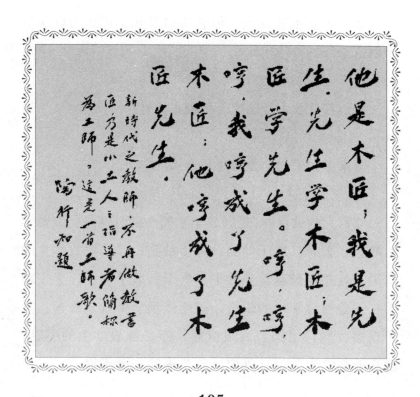

他是木匠，我是先生。先生学木匠，木匠学先生。哼，哼，我哼成了先生；木匠；他哼成了木匠先生。

新时代之教师，不舟做教书匠，方是小工人之模范导者师。

为工师，这是一首工师歌。

陶行知题

我们发现了儿童有创造力，认识了儿童有创造力，就须进一步把儿童的创造力解放出来。

生活、工作、学习倘使都能自动，则教育之收效定能事半功倍。所以我们特别注意自动力之培养，使它关注于全部的生活工作学习之中。自动是自觉的行动，而不是自发的行动。自觉的行动，需要适当的培养而后可以实现。

教育不能创造什么，但它能启发儿童创造力以从事于创造工作。

我们深信教育是国家万年根本大计。

国家是大家的，爱国是每个人的本分。

"六大解放"：一是解放学生的头脑，就是要鼓励学生敢想、善想，敢于动脑，善于动脑；二是解放学生的双手，就是要鼓励学生敢干、善干，敢于动手，善于动手；三是解放学生的眼睛，就是鼓励学生敢于观察、善于观察，胸怀祖国，放眼世界；四是解放学生的嘴巴，就是鼓励学生敢说、善说，敢于提问、善于提问；五是解放学生的空间，就是要扩大学生的活动领域，不把他们局限在狭小的课堂里，也不局限在学校中；六是解放学生的时间，就是要保证学生有时间去独立学习、活动和创造，不要把课程排得满满的，也不要让课外作业多得做不完。

陶行知

教师必须具有健康的体魄、农人的身手、科学的头脑、艺术的兴味、改革社会的精神。

集体生活是儿童之自我向社会化道路发展的重要推动力，为儿童心理正常发展的必需。一个不能获得这种正常发展的儿童，可能终其一生只是一个悲剧。

忽略健康的人，就等于在与自己的生命开玩笑。

道德是做人的根本……没有道德的人，学问和本领愈大，就能为非作恶愈大。

创造始于问题，有了问题才会思考，有了思考，才有解决问题的方法，才有找到独立思路的可能。

经典作品

——《创造宣言》

创造主未完成之工作，我们接过来，继续创造。

美术家如罗丹，是一面造石像，一面崇拜自己的创造。

教育者不是造神，不是造石像，不是造爱人。他们所要创造的是真善美的活人。真善美的活人是我们的神，是我们的石像，是我们的爱人。教师的成功是创造出值得自己崇拜的人，先生之最大的快乐，是创造出值得自己崇拜的学生。说得正确些，先生创造学生，学生也创造先生，学生先生合作而创造出值得彼此崇拜之活人。倘若创造出丑恶的活人，不但是所塑之像失败，亦是合作塑像者之失败。倘若活人之塑像是由于集体的创造，而不是个人的创造，那么这成功失败也是属于集体而不

是仅仅属于个人。在一个集体当中，每一个活人之塑像，是这个人来一刀，那个人来一刀，有时是万刀齐发。倘使刀法不合于交响曲之节奏，那便处处是伤痕，而难以成为真善美之活塑像。在刀法之交响中，投入一丝一毫的杂声，都是中伤整个的和谐。

教育者也要创造值得自己崇拜之创造理论和创造技术。活人的塑像和大理石的塑像有一点不同，刀法如果用得不对，可以万像同毁，刀法如果用得对，则一笔下去，画龙点睛。有人说：环境太平凡了，不能创造。平凡无过于一张白纸，八大山人挥毫画它几笔，便成为一幅名贵的杰作。平凡也无过于一块石头，到了菲狄亚斯、米开朗琪罗的手里可以成为不朽的塑像。

有人说：生活太单调了，不能创造。单调无过于坐监牢，但是就在监牢中，产生了《易经》之卦辞，产生了《正气歌》，产生了苏联的国歌，产生了《尼赫鲁自传》。单调又无过于沙漠了，而雷赛布（Lesseps）竟能在沙漠中造成苏伊士运河，把地中海与红海贯通起来。

可见平凡单调，只是懒惰者之遁词。既已不平凡不单调了，又何须乎创造。我们是要在平凡上造出不平凡；在单调上造出不单调。有人说：年纪太小，不能创造，见着幼年研究生之名而哈哈大笑。但是当你把莫扎特、爱迪生，及冲破父亲数学层层封锁之帕斯卡尔（Pascal）的幼年研究生活翻给他看，他又只好哑口无言了。

有人说：我是太无能了，不能创造。但是鲁钝的曾参，传了孔子的道统，不识字的慧能，传了黄梅的教义。慧能说："下下人有上上智"，我们岂可以自暴自弃呀！可见无能也是借口。蚕吃桑叶，尚能吐丝，难道我们天天吃白米饭，除造粪之外，便一无贡献吗？

有人说：山穷水尽，走投无路，陷入绝境，等死而已，不能创造。但是遭遇八十一难之玄奘，毕竟取得佛经；粮水断绝，众叛亲离之哥伦布，毕竟发现了美洲；冻饿病三重压迫下之莫扎特，毕竟写了《安魂曲》。绝望是懦夫的幻想。歌德说：没有勇气一切都完。是的，生路是要勇气探出来，走出来，造出来的。这只是一半真理，当英雄无用武之地，他除了大无畏之斧，还得有智慧之剑，金刚之信念与意志，才能开出一条生路。古语说：穷则变，变则通。要有智慧才知道怎样变得通，要有大无畏之精神及金刚之信念与意志才变得过来。所以

处处是创造之地，天天是创造之时，人人是创造之人，让我们至少走两步退一步，向着创造之路迈进吧。

像屋檐水一样，一点一滴，滴穿阶沿石。点滴的创造固不如整体的创造，但不要轻视点滴的创造而不为，呆望着大创造从天而降。

东山的樵夫把东山的茅草割光了，上泰山割茅草，泰山给他的第一个印象是：茅草没有东山多。泰山上的"经石峪""无字碑""六贤祠""玉皇顶"，大自然雕刻的奇峰、怪石、瀑布，豢养的飞禽、走兽、小虫和几千年来农人为后代种植的大树，于他无用，都等于没有看见。至于那种登泰山而小天下之境界，也因急于割茅草而看不出来。他每次上山拉一堆屎，下山撒一泡尿，挑一担茅草回家。尿与屎是他对泰山的贡献，茅草是他从泰山上得到的收获。茅草是平凡之草，而泰山所可给他的又只有这平凡之草，而且没有东山多，所以他断定泰山是一座平凡之山，而且从割草的观点看，比东山还平凡，便说了一声："泰山没有东山好。"这话被泰山一棵树苗听见了，它想到自己老是站在寸土之中，终年被茅草包围着，徒然觉得平凡、单调、烦闷、动摇，幻想换换环境。一根树苗如此想，二根树苗如此想，三根树苗如此想，久而久之成趋向，便接二连三的，一天一天的，听到树苗对樵夫说："老人家，你愿意带我到东山去玩一玩吗？"樵夫总是随手一拔，把它们一根一根的和茅草捆在一起，挑到东山给他的老太婆烧锅去了。我们只能在樵夫的茅草房的烟囱里偶尔看见冒出几缕黑烟，谁能分得出哪一缕是树苗的，哪一缕是茅草的化身？割草的也可以一变而成为种树的老农，如果他肯迎接创造之神住在他的心里。我承认就是东山樵夫也有些微的创造作用——为泰山剃头理发，只是我们希望不要把我们的鼻子或眉毛剃掉。

创造之神！你回来呀！你所栽培的幼苗是有了幻想，

陶行知先生之墓

樵夫拿着雪亮亮的镰刀天天来，甚至常常来到幼苗的美梦里。你不能放弃你的责任。只要你肯回来，我们愿意把一切——我们的汗，我们的血，我们的心，我们的生命——都献给你。当你看见满山的幼苗在你监护之下，得到我们的汗、血、心、生命的灌溉，一根一根的都长成参天的大树，你不高兴吗？创造之神！你回来啊！只有你回来，才能保证参天大树之长成。

罗丹说："恶是枯干，汗干了，血干了，热情干了，僵了，死了，死人才无意于创造。只要有一滴汗，一滴血，一滴热情，便是创造之神所爱住的行宫，就能开创造之花，结创造之果，繁殖创造之森林。"

教育教学箴言

教育名言篇

教育是立国之本。

行是知之始，知是行之成。

人生办一件大事来，做一件大事去。

千教万教，教人求真；千学万学，学做真人。

与其把学生当天津鸭儿添入一些零碎知识，不如给他们几把锁匙，使他们可以自动去开发文化的金库和宇宙之宝藏。

真教育是心心相印的活动，唯独从心里发出来，才

能打动心灵的深处。

农不重师，则农必破产；工不重师，则工必粗陋；国民不重师，则国必不能富强；人类不重师，则世界不得太平。

所谓健全人格须包括：一、私德为立身之本，公德为服务社会国家之本。二、人生所必需之知识技能。三、强健活泼之体格。四、优美和乐之感情。

手和脑在一块儿干，是创造教育的开始；手脑双全，是创造教育的目的。

陶行知纪念馆

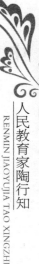

　　乡村师范之主旨在造就农夫身手、科学头脑、改造社会精神的教师。

　　活的乡村教育要教人生利，他要叫荒山成林，叫瘠地长五谷。他教人人都能自立、自治、自卫。他要叫乡村变为西天乐园，村民都变为快乐的活神仙。

　　教学做是一件事，不是三件事。我们要在做上教，在做上学。不在做上用功夫，教固不成为教，学也不成为学。

　　要把教育和知识变成空气一样，弥漫于宇宙，洗荡于乾坤，普济众生，人人有得呼吸。

　　破即补。污即洗。劳即谦。乱即理。债即还。病即医。过即改。善即喜。行即思。倦即息。信即复。帐即记。

教书育人篇

　　"先生不应该专教书，他的责任是教人做人；学生不应该专读书，他的责任是学习人生之道。"

"在教师手里操着幼年人的命运，便操着民族和人类的命运"

"因为道德是做人的根本。根本一坏，纵然使你有一些学问和本领，也无甚用处。"

"教师的职务是'千教万教，教人求真'；学生的职务是'千学万学，学做真人'。"

"智仁勇三者是中国重要的精神遗产，过去它被认为'天下之达德'，今天依然不失为个人完满发展之重要指标。"

"教育工作中的百分之一的废品，就会使国家遭受严重的损失。"

你的教鞭下有瓦特，你的冷眼里有牛顿，你的讥笑中有爱迪生。你别忙着把他们赶跑。你可不要等到坐火轮、点电灯、学微积分，才认识他们是你当年的小学生。

生活、工作、学习倘使都能自动，则教育之收效定能事半功倍。所以我们特别注意自动力之培养，使它关注于全部的生活工作学习之中。自动是自觉的行动，而不是自发的行动。自觉的行动，需要适当的培养而后可以实现。

为人师表篇

要想学生好学，必须先生好学。唯有学而不厌的先生才能教出学而不厌的学生。

要学生做的事，教职员躬亲共做；要学生学的知识，教职员躬亲共学；要学生守的规则，教职员躬亲共守。

因材施教篇

培养教育人和种花木一样，首先要认识花木的特点，区别不同情况给以施肥、浇水和培养教育，这叫"因材施教"。

人像树木一样，要使他们尽量长上去，不能勉强都长得一样高，应当是：立脚点上求平等，于出头处谋自由。

教学方法篇

活的人才教育不是灌输知识，而是将开发文化宝库的钥匙，尽我们知道的交给学生。

我们要活的书，不要死的书；要真的书，不要假的书；要动的书，不要静的书；要用的书，不要读的书。总起来说，我们要以生活为中心的教学做指导，不要以文字为中心的教科书。

教育中要防止两种不同的倾向：一种是将教与学的界限完全泯除，否定了教师主导作用的错误倾向；另一种是只管教，不问学生兴趣，不注重学生所提出问题的错误倾向。前一种倾向必然是无计划，随着生活打滚；后一种倾向必然把学生灌输成烧鸭。

教育不能创造什么，但它能启发儿童创造力以从事于创造工作。

创新与实践

我们发现了儿童有创造力，认识了儿童有创造力，就须进一步把儿童的创造力解放出来。

中国教育之通病是教用脑的人不用手，不教用手的人用脑，所以一无所能。中国教育革命的对策是手脑联盟，结果是手与脑的力量都可以大到不可思议。

要解放孩子的头脑、双手、脚、空间、时间，使他们充分得到自由的生活，从自由的生活中得到真正的教育。

手脑双全，是创造教育的目的。中国教育革命的对策是使手脑联盟。

养成性教育

生活、工作、学习倘使都能自动，则教育之收效定能事半功倍。所以我们特别注意自动力之培养，使它关注于全部的生活工作学习之中。自动是自觉的行动，而不是自发的行动。自觉的行动，需要适当的培养而后可以实现。

集体生活是儿童之自我向社会化道路发展的重要推动力；为儿童心理正常发展的必需。一个不能获得这种正常发展的儿童，可能终其身只是一个悲剧。

把自己的私德健全起来，建筑起"人格长城"来。由私德的健全，而扩大公德的效用，来为集体谋利益……

逸闻趣事

陶行知说："教育只有通过生活才能产生作用并真正成为教育。"他积极倡导的生活即教育、寓教于生活的教育思想，至今仍有十分重要的现实意义。

陶行知有关寓教于生活、生活即教育的轶事，寓意深刻，很有借鉴意义。

四块糖

陶行知任"育才学校"校长的时候，一天，他看到一名男生打同学，遂将其制止，并责令他到校长室接受批评。

陶先生回办公室后，见男生已在等候，乃掏出一块糖给他说："这是奖励你的，因为你比我先到了。"接着，他又摸出一块糖给他，"这也是奖励你的，我不让你打同学，你立即住手，说明你很尊重我。"男生将信将疑地接

过糖果。陶先生又说："据了解，你打同学是因为他欺负女生，说明你有正义感。"陶先生遂掏出第三块糖给他，这时男生哭了，说："校长，我错了，同学再不对，我也不该采取这种方式。"陶先生又拿出第四块糖给他说："你已经认错，再奖励你一块，我们的谈话也该结束了。"

你打掉了一个"爱迪生"

陶行知说："你的教鞭下可能有瓦特，你的冷眼里可能有牛顿，你的讥笑中可能有爱迪生，你的骂声中可能有爱因斯坦……你别忙着把他们赶跑，你可不要等到坐火车、点电灯、学微积分，才认识他们是你当年的小学生。"

有一次，一位夫人拜访陶行知，无意中说起孩子把一块新买的金表拆坏了，她非常生气，狠狠地揍了孩子一顿。陶行知听了，连连摇头说："哎呀，你打掉了一个'爱迪生'。"

之后，陶先生亲临其家，和蔼地问小孩原因，又带他到修表店去看师傅修表。小孩站在修表师傅身边，睁大眼睛，认真地看着他怎么把表拆开，把零件一个个浸在溶液里，又看着他一个个装起来，再给机器加上油。

事后，陶行知深有感触地说："钟表店是学校，修表师傅是老师，一元六角钱是学费，在钟表店看一个多小时是上课，自己拆了装，装了拆是实践。做父母的与其让孩子挨打，还不如付出一点学费，花一点工夫，培养孩子好问、好动手的兴趣。这样，'爱迪生'才不会被打跑。"

强按鸡头不吃米

一次，陶行知到某大学演讲。他走进讲堂，就把一只大公鸡往讲台上一放，抓了一把米让它啄食。陶先生见它不吃，就强按住鸡头"请"它吃，公鸡乃拼命地往后退，仍然不肯吃。陶先生于是干脆掰开公鸡的嘴巴，使劲地往里塞米，公鸡乃拼命地挣扎，死不肯吃。

之后，陶先生松开手，后退了数步。这时，公鸡稍稍平静下来，抖抖翅膀，徘徊了一阵后，慢慢靠近米粒，继而悠悠地啄起米来。

借人拳头揍自己

一天，在育才学校，有两个小同学为了一件鸡毛蒜皮的小事翻了脸，对骂起来，互不想让。此事后来被陶行知知道。他于是在课堂对学生们说："今天，我写了一首《你和我》的诗给两个吵架的小朋友，也是赠给大家的。"说完便高声朗诵起来："你骂我，我骂你，骂来骂去，只是借人嘴巴骂自己。"这时，下面也有位同学应声

而对："我也和一首：你打我，我打你，打来打去，只是借人拳头打自己！"

场上立刻爆发出一阵大笑，两同学惭愧地低下头来。

不当"笼统哥"

陶行知提倡说话办事要明白、准确、无误，坚决反对含含糊糊模棱两可的行事态度。一次，他对几个前来投奔他的年轻人说了一则笑话：有个名叫笼统哥的人，生于浑沌国含糊省县囫囵村。一天，笼统哥到科学园参观，有人问他：

"多大年纪？""几十岁了。"

"有几个儿子？""好几个。"

"母亲高寿？""老人。"

"一个月赚多少钱？""不多。"

"一顿吃几碗饭？""不少。"

"贵国离这里有多远？""很远，很远。"

大家乃哈哈大笑。陶行知郑重地说："我们说话做事可不能当笼统哥啊！"

一字之师

一次，陶行知写了一首赞扬某小学的诗："有个学校真奇怪，大孩自动教小孩。七十二行皆先生，先生不在学生在。"

　　有个才八九岁的女学生却提出："既然大孩能自动，难道小孩就不能自动吗？大孩能教小孩，小孩就不能教大孩吗？我看应该改为'小孩自动教小孩'。"陶行知惊喜不已，当即把诗中"大"字改为"小"字。事后，陶行知逢人便夸："这个小孩可真是我的'一字之师'啊！"

中华爱国人物故事
ZHONGHUA AIGUO RENWU GUSHI